# ウクライナ侵略と日本共産党の安全保障論

「大学人と日本共産党のつどい」での講演

志位和夫



日本共産党中央委員会出版局

本書は、２０２２年４月29日に開かれた全国学者・研究者日本共産党後援会の「大学人と日本共産党のつどい」で、日本共産党の志位和夫委員長が「ウクライナ侵略と日本共産党の安全保障論」と題して行った講演と質疑応答です。掲載にあたり、補正・加筆しています。（出版局）

目次

# はじめに

全国の学者・研究者、大学人のみなさん、市民のみなさん、こんにちは。日本共産党の志位和夫です。日ごろのみなさんの温かいご支援に心からの感謝を申し上げます。

参議院選挙が目前に迫りました。今度の参院選は、ロシアのウクライナ侵略という大問題が起こるもとで、世界の平和秩序をどう回復するのか、日本はどういう進路を選ぶべきか、「戦争か、平和か」が問われる、歴史的な政治戦になります。

自民党など改憲勢力は、「ウクライナを見ろ」と言って、「憲法9条で平和が守れるか」「攻められたらどうするのか」と言いつのり、危機に乗じて「敵基地攻撃能力の保有」、大軍拡、憲法9条改憲を推し進めようとしています。そのなかで、日本共産党に対しては、党綱領で掲げている日米安保条約や、自衛隊などの方針について、「いまの情勢に合わない、およそ非現実的なことを主張する政党だ」という攻撃も強められています。だいたいこういう攻撃は、わが党の綱領を読まずに、行われているのが特徴です。

同時に、広い国民のみなさんのなかで、憲法と平和が危ないと、日本共産党へのこれまでにない期待が広がっていることを、私たちは実感しています。ある自民党の重鎮の方から、私たちに寄せられたメッセージをご紹介したいと思います。

「いよいよ共産党さんの出番ですね。『9条は理想だ』という人もいますが、理想を実現するために努力するのが政治家の役割です。ぜひ共産党さんには9条にもとづく外交の重要性を堂々と訴えてもらいたい。共産党は先の戦争に反対した唯一の政党なのですから、その政党として、9条を胸を張って語れるし、その資格のある政党だと思っています」

たいへん心強い激励です。「世界に誇る憲法9条を守り生かそう――この願いを、党をつくって100年間、反戦平和を貫いてきた日本共産党に」と訴えて、必ず躍進を果たしたいと決意しています。

今度の選挙戦の争点はさまざまですが、「戦争か、平和か」をめぐる論戦は、たいへん激烈になっています。私は、この論戦の帰趨《きすう》は、まさに選挙の勝敗を決すると考えています。そこで今日は、「ウクライナ侵略と日本共産党の安全保障論」と題して、お話をさせていただきたいと思います。最後までよろしくお願いします。

## 一、ウクライナ侵略と日本共産党の立場

まず、ロシアのウクライナ侵略と日本共産党の立場についてお話しします。

侵略開始から2カ月あまりが経過しました。連日のニュースで、無辜《むこ》の市民や子どもたちが命をおとす痛ましい状況に接して、多くのみなさんが、いてもたってもいられない悲しみや憤りをつのらせていると思います。

日本共産党は、4月7日に、参議院選挙勝利・全国総決起集会を行い、私は、集会への幹部会報告を行いました。報告のなかで、たしかに危機は深刻ですが、危機のなかで日本共産党の理性的立場、先駆的立場が発揮されているとして、四つの点に確信をもって平和をとりもどすたたかいに力をそそごうと訴えました。

今日は、その中心点を、さらに掘り下げてお話をさせていただきたいと思います。

## 対応の最大の基準に国連憲章と国際法をおくことの重要性について

第一は、日本共産党がこの問題にのぞむ基本姿勢についてです。私たちは、この問題への対応の最大の基準を、国連憲章と国際法においてきました。その重要性についてお話ししたいと思います。

## 【プーチン政権の三つの無法――どういう形で戦争を終わらせるか】

わが党は、プーチン政権が三つの無法を犯していると強く批判してきました。

第一は、武力行使を禁止した国連憲章に違反する侵略だということです。

第二に、民間人への無差別攻撃や虐殺が大問題になっていますが、これはジュネーブ条約など国際人道法に反する戦争犯罪であり、法の裁きにかけなければなりません。

第三に、核兵器による世界に対する威嚇《いかく》は、国連憲章および核兵器禁止条約に反する許しがたい暴挙であります。

それではどうやって侵略を止めるか。国際社会が協調して効果的な経済制裁を行うことは必要ですが、何よりも大切なのは国際世論による包囲だということを強調したいと思います。

「ロシアは侵略を止めよ」「国連憲章を守れ」――この一点で、世界中の政府と市民社会が声をあげ、力を合わせることこそ、侵略を止める最大の力になります。わが党は、この立場にたって、国内外に広く働きかける活動を行ってきました。

あのプーチン大統領に世論が効くか、という声もあるかもしれませんが、彼が一番恐れているのが実は世論なのです。この間、私たちが、驚いた体験があります。3月28日に放映されたNHKの「日曜討論」で、日本共産党の井上哲士《さとし》参議院議員団幹事長がロシアの侵略を批判しました。そうしましたら、駐日ロシア大使館のガルージン大使から手紙がきまして、「遺憾」であり「意見交換」したいとありました。そこで相談をしまして、ちょうどいい機会だから、来てもらって、日本共産党の見解を伝えることにしました。井上さんは、大使に対して、わが党の立場を具体的かつ詳細に話しました。大使は、「NATOの脅威」を理由にあげて、軍事行動を合理化しました。井上さんは、「脅威があるからといって武力行使をする権利はどの国にも与えられていません」ときっぱり批判しました。大使は反論せず、「モスクワに報告します」と言って会談は終わりました。日本共産党は、侵略国ロシアに対しても、このように直接に面と向かって「国連憲章違反だ」、「軍事行動を中止せよ」と求めてきたことを、この機会に報告したいと思います。

そして、こういう経験も通じて、プーチン政権がどんなに国際世論を恐れているかを実感しました。私も、ＮＨＫの「日曜討論」には30年以上、出演してきました。あの場でアメリカの批判もしました。中国の批判もしました。しかし一度も、大使館から抗議をうけたことはないんです。抗議をしてくること自体が、世論をいかに恐れているかを自ら証明するものではないでしょうか。

この戦争は一刻も早く終わらせなければなりません。戦争をどういう形で終わらせるかが、たいへんに重要です。それは、世界の平和秩序の今後を左右する大問題であります。「国際世論の力で侵略を止め、侵略者に責任をとらせ、国連憲章にもとづく平和の国際秩序を回復する」――こういう決着をつけるため、最後まで力をつくそうということを心から訴えたいと思います。

ここまで私がお話ししてきたことは当たり前のように思われるでしょう。世界では多数の国が主張している当たり前の議論です。ただ実は、日本政府は、いま述べた点が弱いのです。先日（4月27日）、5月1日に放映されるＮＨＫの党首討論の収録がありました。その場で、私は、ロシアの軍事行動に対して、国連憲章違反という厳しい批判を行いました。ところが岸田首相からは国連憲章違反という批判が1回も出てきません。「国連憲章にもとづく平和秩序を回復する」、という解決方向も語りませんでした。こうした状況のもとで、国連憲章と国際法にもとづいて問題をとらえ、解決の方向を見出すという日本共産党の立場は、たいへん重要なものだとあらためて実感したしだいです。

## 【ロシアとウクライナを同列におく「どっちもどっち」論はとらない】

ここで、ウクライナ侵略とのかかわりで、軍事同盟の問題について、二つの角度からわが党の立場をのべたいと思います。

第一の角度は、一部に、侵略の原因にかかわって、ロシアとウクライナの双方に問題があるとして同列におく「どっちもどっち」論がありますが、わが党はそうした立場をとらないということです。こうした主張には道理がなく、国際社会では通用しません。

日本共産党は、軍事同盟について、「軍事対軍事」の対抗と悪循環をもたらし平和に逆行すると批判し、「軍事同盟のない世界」をめざすことを綱領に明記しています。そうした立場から、NATO（北大西洋条約機構）の東方拡大や域外派兵には強く反対してきました。しかし、軍事同盟の問題は、国連憲章を蹂躙《じゅうりん》したロシアの侵略の免責にはなりません。かりに「脅威」があったとしても、隣国への武力攻撃を正当化する理由には決してなりません。私たちは、軍事同盟に対する態度の違いをこえて、世界が「ロシアは侵略をやめよ」「国連憲章を守れ」の一点で団結することが、いま何よりも重要だと考えています。

きます。

## 【「民主主義対専制主義」で世界を二分――解決の力も解決の方向も見えなくなる】

第二の角度ですが、同時に、私たちは、この侵略に対する軍事ブロック的対応は批判していきます。

バイデン米大統領は、侵略開始後の3月1日に一般教書演説を行いました。彼はそのなかで、ロシアを激しく非難しました。しかしテキストを読むと、「国連憲章」という言葉は一つもありません。それどころか、「国連」という言葉さえ一つも出てこないのです。代わりに彼が押し出したのは、「民主主義対専制主義の闘い」というスローガンでした。たしかにプーチン政権が専制主義的な政権であることは間違いありませんが、いま問われているのは、あれこれの「価値観」ではありません。あれこれの「価値観」で世界を二分したら、解決の力も、解決の方向も見えなくなってしまうのではないでしょうか。実際に、こういう米国の態度に対しては、新興国や途上国などから批判の声があがってきています。いま大切なのは、あれこれの「価値観」で世界を二分するのでなく、「国連憲章を守れ」の一点で世界が団結することではないでしょうか。

岸田首相はどうでしょうか。先ほどもお話ししましたが、彼はロシアの軍事行動に対して、「国連憲章違反」という批判をほとんど行いません。もっとも、田村智子副委員長が国会でただしますと、国連憲章違反であることを否定できません。聞かれれば言うこともあるけれども、自分からは言わないのです。そして「国連憲章にもとづく平和秩序の回復」という解決方向はいっさい語りません。彼が繰り返しているのは、「価値観を共有するG7主導の秩序の回復」ということです。5月1日に放映される党首討論でもこの立場を述べました。しかし、私は、回復すべきは「G7主導の秩序」ではない、「国連憲章にもとづく平和秩序」なのだということを訴えたいのです。これこそ新興国や途上国も含めて、世界が結束できる秩序ではないでしょうか。

ロシアの侵略に対する軍事ブロック的な対応は、侵略を止める国際的な団結をつくるという点でも、戦争の拡大を招きかねないという点でも、私は、大きな問題があると考えます。私たちは、「国連憲章にもとづく平和秩序を回復」するという立場から、冷静な批判をしていきたいと思います。

## 核兵器問題――「核抑止」論を打ち破る論戦について

第二は、核兵器問題への対応です。私はとくに、「核抑止」論を克服する論戦の重要性についてお話をさせていただきたいと思います。

## 【「核兵器の使用を絶対に許すな」の声を、全世界から、被爆国日本から】

いま、核兵器使用の現実的危険が生まれています。プーチン大統領がたびたび行っている核使用の恫喝《どうかつ》は、決して偶然ではありません。プーチン政権は、２０２０年に「核抑止の分野におけるロシア連邦国家政策の基礎」という大統領令で、核兵器の先制使用を国家の基本戦略に公然とすえているからです。アメリカも、核の先制使用を否定はしていません。今年策定したＮＰＲ（核態勢の見直し）でも、先制使用を否定するかどうかという議論はありましたが、結局は否定しませんでした。しかし、核の先制使用を国家の基本戦略にすえ、たびたび核を使用すると世界を威嚇する発言を繰り返しているのは、プーチン政権だけなのです。

万が一にも大量破壊兵器が使用されれば、人類は、きわめて深刻な、取り返しのつかない事態に陥ります。「大量破壊兵器――核兵器の使用は絶対に許すな」の声を、全世界からあげていく、とりわけ唯一の戦争被爆国日本からあげていくことを、私は、まず第一に訴えたいと思います。

## 【プーチン政権の登場で、「核抑止」論は、いよいよ無力になっている】

プーチン政権の核恫喝のもとで、「核には核」という危険な動きが起こっています。安倍元首相や維新の会が唱える「核共有」の議論は、その最悪のあらわれです。日本被団協（日本原水爆被害者団体協議会）は、維新の会が決めた「核共有」の提言に対して、「日本を核戦争に導き、命を奪い国土を廃墟と化す危険な提言」と厳しく批判し、その撤回を求めました。そこまであからさまでなくても、「いよいよ核抑止が大切だ」「核の傘が大切だ」という大合唱が起こっています。５月１日放映の党首討論でも、そうした大合唱が行われました。

しかし実は、いま世界が目にしているのは、「核抑止」の重要性ではありません。「核抑止」の破綻《はたん》なのです。私たちは、「核抑止」論を打ち破る論戦を徹底的に行っていきたいと決意しています。

私は、党首討論で、二つの角度から「核抑止」論の批判を行いました。

第一は、プーチン大統領という、核兵器の先制使用を国家の基本戦略に公然とすえ、自国民にどんな犠牲が出ようとも核兵器の使用をためらわない指導者が登場したもとで、「核抑止」――核兵器を持っていれば核兵器の使用が止められるという核兵器正当化論が、いよいよ無力になっているということです。

「核抑止」というのは、ともかくも双方の指導者が、自国民に犠牲を出すことは回避するという判断をするだろうという前提をもとにした議論です。しかし、プーチン大統領は、そもそもそういう立場に立っていません。それどころか、次のような恐ろしい発言を、彼は２０１８年に行っています（ドキュメンタリー「世界秩序２０１８」）。この発言は、ウクライナ侵略のなかでも、ロシアのメディアでたびたび流されているものです。

「ロシアを全滅させようとする者がいるなら、それに応じる法的な権利が我々にはある。たしかにそれは、人類と世界にとって大惨事だ。しかし私はロシアの市民で、国家元首だ。ロシアが存在しないなら、どうして我々はそんな世界を必要とするだろうか」

「ロシアが存在しないなら、どうして我々はそんな世界を必要とするだろうか」。これは身の毛のよだつ恐ろしい発言です。つまり彼は、核を使用することで、自国民に犠牲を出すことを躊躇《ちゅうちょ》しないだけではない。全人類の破滅をも躊躇しないのです。

こういうもとで「核抑止」論は、いよいよ無力ではないでしょうか。そして、こういう状況のもとで、核兵器の使用を止める唯一の方法は、全世界から核兵器を廃絶することにあるということが、いよいよ鮮明となり、また急務となっているのではないでしょうか。

## 【核兵器の非人道性の批判と、「核抑止」論は決定的に矛盾している】

第二は、より一般的・本質的な「核抑止」論の批判です。

党首討論では、日本の核兵器禁止条約の参加の問題も議論になりました。岸田首相は、あれこれと言い訳を言って、条約への参加に背を向ける態度を示しました。そして、岸田氏が強調したのは、「米国との間で、核抑止を含む拡大抑止の信頼性を高めていく努力は、拡大抑止協議等、さまざまな形で続けていかなければならない」ということでした。このように、日本政府が、核兵器禁止条約に背を向ける最大の理由としているのは、つまるところ「核抑止力の信頼性を損なう」、この一点なのです。

それでは「核抑止」とは何か。「核抑止」とは、いざという時に、核兵器を使用する――核のボタンを押すことを前提にした議論です。アメリカの国務長官をつとめたジョージ・シュルツ氏はこう言いました。

「核抑止というのは、いざという時に（核を）使えなければ抑止にならない。それでは、何十万、何百万の市民がいるところに核兵器を落とせるか。文明国の指導者だったらそんなことはできない。落とせないなら抑止にならない」

私は、この発言は「核抑止」論の本質をズバリついた批判だと思います。つまり「核抑止」論とは、いざという時には、広島・長崎のような非人道的惨禍を引き起こすことをためらわないという議論なのです。

日本政府も、核兵器の非人道性を批判しています。核兵器の非人道性を批判する立場と、「核抑止」論にしがみつく立場とは、決定的に矛盾しています。

唯一の戦争被爆国の政府が、こうした議論にしがみついていることは、恥ずべきことではないでしょうか。

## 【人類は核兵器禁止条約で「核抑止」論をのりこえる大きな歩みを開始している】

そういう議論をつくしても、「それでも安全保障のためには核が必要だ」という議論があるかもしれません。それに対しては、私はこう答えたい。

すでにお話ししたように、「核抑止」とは、核の使用を前提にしています。それでは、一方が核を使用するならば、他方はどうするでしょうか。核の報復でこたえます。その結果は、ニュークリア・ホロコースト——核による大虐殺です。つまり「核抑止」は、誰の安全も保障するものではないのです。

真剣に人類の安全保障を考えるならば、核兵器を禁止し、廃絶するしかありません。そのためには「核抑止」論という間違った議論から抜け出さねばなりません。

そして、私が強調したいのは、そもそも核兵器禁止条約は、核兵器の保有、使用などを禁止しているだけではないということです。核兵器の「使用の威嚇」を禁止し、「核抑止」論を否定しています（第1条）。ここにこの条約の重要な意義があるということを訴えたいのです。すなわち、人類は、核兵器禁止条約という形で、「核抑止」論という間違った議論をのりこえる大きな歩みを開始しているのであります。

私は、日本政府に対して、「核抑止」論という呪縛《じゅばく》を吹き払って、核兵器禁止条約に参加することを、重ねて強く求めるものです。

## 綱領の世界論——危機は深刻だが、歴史は無駄に流れていない

第三にお話ししたいのは、日本共産党綱領の世界論の立場であります。ロシアの無法を目にして、21世紀の世界が19世紀の世界に戻ったと思われる方も、少なくないかもしれません。

たしかに危機はたいへん深刻です。しかし私は、歴史は無駄に流れていないということを強調したいと思います。そうした大局的な見方が、いまとても大事になっているのではないでしょうか。

## 【国連の現状をどう見るか——「国連は無力」という議論に対して】

まず国連の現状についてどう見るか。国連安保理で拒否権が行使されたことをもって、「国連は無力」という議論が横行しています。中満泉《なかみついずみ》国連事務次長は、安保理で拒否権が行使された直後にこういう表明をしています。

「『国連』にはいくつかの顔がある。昨日のように、国連の一つの側面が平和のために機能し

ない時、私たち『国連』は犠牲者を減らし支援するために現場で活動を続ける。しばらく前から万が一に備えて計画を練っていた。国連は諦めない」

この発言を、私は、感動をもって受けとめました。たしかに安保理は動いていません。しかし国連総会は活動しています。そして国連の人権諸機関は活発に活動しています。この間、日本共産党は、ウクライナ支援募金にとりくみ、これまでに1億5000万円以上の募金が寄せられました。募金を、国連の人権諸機関や赤十字にお渡しし、懇談する機会がありました。たいへんに印象的だったのは、国連の人道諸機関や赤十字国際委員会が、危険をともなうウクライナ国内に、多数のスタッフを派遣し、日夜奮闘していることでした。

そしてこう訴えられました。「世界の難民はウクライナだけでありません。8000万人の難民全体への支援を日本は強めてほしい」。その通りだと思います。そういう要請にこたえることも含めて、こうした方々の奮闘にこたえる活動を私たちもやっていきたいと、決意を新たにしたところです。

**【2回にわたる国連総会決議——「世界の構造変化」の力がここにも示されている】**

私は、とくに2回にわたる国連総会決議は、たいへん大事な意義をもっていると考えます。

3月2日、ロシアの侵略を国連憲章違反と断罪し、即時無条件撤退を求める総会決議が141

カ国の賛成で採択されました。3月24日、ロシアの侵略を批判し、国際人道法の遵守を求める総会決議が140カ国の賛成で採択されました。

これまでに国連総会で、常任理事国による国連憲章違反の無法が断罪されたケースは6例あります。この6例のなかで、140カ国以上の賛成というのは歴史上最多です。そして賛成した国ぐにの半数以上は非同盟・中立の国ぐにです。

私たちは、一昨年（2020年）に行った綱領一部改定で、「植民地体制の崩壊と百を超える主権国家の誕生という、二〇世紀に起こった世界の構造変化は、二一世紀の今日、平和と社会進歩を促進する生きた力を発揮しはじめている」との規定を書き込みました。20世紀に起こった「世界の構造変化」の力が、この間の2回の国連総会決議にもあらわれていると言えるのではないでしょうか。

国連総会で、侵略の本質を国連憲章にもとづいて明確に批判し、議論をリードしたのが、オーストリア、コスタリカ、アイルランド、ニュージーランドといった大きくはない国ぐにだったということも重要な点だと考えます。憲法で中立を規定しているオーストリアの国連大使は、「中立とは国際法のいわれなき不当な侵害に直面したとき、いかなる立場もとらないということではない。被害者と加害者を区別する明確な決議案を支持する」というきっぱりとした表明をしました。

これらの国ぐには、核兵器禁止条約がつくられていく過程で、私たちも協力してきた国ぐにでもあります。そういう国ぐにが、この問題でも理性の立場を発揮しているのです。

**【国連の民主的改革――国連総会に、より強い権限を与える方向での改革を】**

国連の改革という課題が提起されています。私たちは、常任理事国の特権を見直す方向での改革が必要だと考えます。具体的には、国連総会に、より強い権限を与える方向での改革が必要だと考えます。

その一歩として、私たちが注目しているのは、4月26日、常任理事国が拒否権を行使した場合、国連総会での説明を義務づけるという総会決議が、リヒテンシュタインという小さな国が提起して提出され、コンセンサスで採択されたということです。コンセンサスでの採択というのは、投票にかけるまでもないほど、圧倒的多数が支持したということを意味します。こうした方向での国連改革のための粘り強い努力が必要だと考えます。

**【「戦争のない世界」をめざす人類の歩みのなかでとらえる】**

ここで私が強調したいのは、今回の事態を、「戦争のない世界」をめざす人類の大きな歩みのなかでとらえることが大切だということです。

20世紀の初頭、戦争は一般に、国家の合法的権利とされていました。第一次世界大戦の惨禍を経て、１９２８年のパリ不戦条約で、戦争は初めて違法化されました。さらに、第二次世界大戦の惨禍を経て、１９４５年の国連憲章で、「武力の威嚇・行使の禁止」が明記されるなど、「戦争のない世界」が国際社会の目標とされました。

しかし、１９７０年代くらいまでは、米ソ対立のもと、国連は「戦争のない世界」をつくるうえでは、ほとんど役割を果たせませんでした。この時期に行われたアメリカによるベトナム侵略戦争に対して、国連安保理はもとより、国連総会も、ただの一つの決議も採択できなかったのです。

この状況を打ち破ったのが、１９６０年代までに、植民地体制が崩壊し、新たに主権国家となった１００を超える国ぐにが国連加盟国になったことでした。その力が発揮されてくるのが１９８０年代です。この時期に、常任理事国であっても、国連憲章に違反した無法を行った場合には、国連総会で断罪されるようになってきました。旧ソ連によるアフガニスタン侵略、アメリカによるグレナダ侵略、リビア空爆、パナマ侵略、ロシアによるクリミア併合、そして今回のウクライナ侵略です。これまでに6例ありますが、常任理事国であっても国連総会によって断罪される時代がやってきたのです。

さらに、「世界の構造変化」の力が発揮されたのが、２０１７年の国連会議での核兵器禁止条約の成立でした。

この1世紀あまりの人類の歴史は、断面で見れば、ジグザグや逆流、深刻な悲劇の連続ともいえます。しかし大きな目で見れば、人類は、「核兵器のない世界」「戦争のない世界」への着実な歩みを示しているのではないでしょうか。ここに確信をもって、前途を展望して頑張りたい、これが私たちの立場であります。

## 「どんな国であれ覇権主義を許さない」――日本共産党の歴史と綱領について

第四に、「どんな国であれ覇権主義を許さない」――この日本共産党の歴史と綱領についてお話ししたいと思います。

### 【「ロシアはもともと共産主義ではないか」――もともと社会主義・共産主義とは無縁】

国民のみなさんと対話していると、「ロシアはもともと共産主義ではないか」という疑問も出されます。これはとんでもない誤解です。

旧ソ連が崩壊して31年になります。崩壊した体制は、もともと社会主義とも共産主義とも縁もゆかりもない覇権主義、専制主義の体制でした。そして日本共産党は、旧ソ連によるチェコスロバキア侵略、アフガニスタン侵略などの覇権主義に対して、「社会主義とは無縁」と徹底した批判を貫いてきた自主独立の政党です。旧ソ連から、国家機構を総動員しての激しい干渉攻撃もありましたが、それをすべてはねのけました。

そして今日、ここに一つの〝証拠物件〟を持ってまいりましたが（**写真**）、ソ連共産党が解体した1991年には、「大国主義・覇権主義の歴史的巨悪の党の終焉を歓迎する」という声明を発表しました。これは決して〝強がり〟で出したわけではありません。私たちの本当の実感だったのです。世界広しといえども、ソ連共産党の解体を歓迎するという声明を出したのは、日本共産党だけだと言って間違いないと思います。

赤旗
1991年9月2日 月曜日

大国主義・覇権主義の歴史的巨悪の党の終焉を歓迎する
——ソ連共産党の解体にさいして
一九九一年九月一日 日本共産党中央委員会常任幹部会

**【日ロ領土問題に対する日本共産党の主張に新しい注目が寄せられている】**

この問題にかかわって紹介しておきたいのは、日ロ領土問題に対する日本共産党の主張に、いま新たな注目が寄せられていることです。この間、「テレ東ＢＩＺ」というネット番組で、「北方領土問題と共産党」と銘打った特集が行われました。ユーチューブでご覧になれますので見ていただければと思います。官邸キャップの記者がまとめたのですが、彼はこう言いました。

「実は、日本政府よりも強硬な姿勢で、北方4島にとどまらず全千島列島の返還をロシア側に要求する政党があります。それは少し意外に思うかもしれませんが日本共産党です。いったいどんな理屈で、要求しているのか見てみましょう」

こう言って、私の記者会見など紹介して、わが党の立場を詳しく報道しました。

日ロ領土問題の根源は、第二次世界大戦の戦後処理の大原則であった「領土不拡大」――戦争に勝った国も領土を広げてはならないという原則を、スターリンが破って、千島列島を占領したところにありました。私たちは、この覇権主義に根本的なメスを入れて、千島列島全体の返還を求める立場を確立し、訴え続けてきました。この主張にいま光があたっています。この動画は、これまでに86万回再生されています。

日ロ領土問題で、私が強調したいのは、国際社会がいまロシアの覇権主義に対して厳しい批判を集中するもとで、日ロ領土問題も、大局的に見れば、解決の新しい条件が生まれているということです。端的に言えば、旧ソ連による千島列島の占領は、いまロシアがやっているウクライナ侵略と同じ覇権主義の結果です。こうした新しい条件もとらえて、覇権主義による戦後処理の不公正をただすという根本に立ち返った領土交渉に切り替えることを、わが党は強く求めていきたいと考えています。この問題でも、日本共産党の立場はいま光っているということを言いたいと思います。

## 【ロシア覇権主義はどこから始まったか――プーチン大統領はロシア帝国の末裔】

さらにお話ししたいのは、歴史的な問題です。

ロシアの覇権主義はどこから始まったか。その歴史的淵源《えんげん》をたどりますと、18世紀以来のロシア帝国になります。18世紀から19世紀にかけて、ロシア帝国は、フィンランド、バルト三国（エストニア、ラトビア、リトアニア）、ポーランド、ウクライナなどをのみ込み、「民族の牢獄」と言われました。マルクス、エンゲルスは、その生涯を通じて、19世紀の二つの覇権主義――帝政ロシアの膨張主義、イギリス資本主義の植民地主義に対して、一貫した告発とたたかいを行いました。とくに帝政ロシアを、ヨーロッパの反動の砦《とりで》として、その覇権との厳しいたたかいに取り組みました。

１９１７年のロシア革命の直後の時期に、レーニンは、ロシア覇権主義の根本にメスを入れる歴史的業績を残しました。「民族自決権」の宣言と実践です。この時、フィンランド、ポーランド、バルト三国は、分離・独立しました。この時のレーニンの宣言と実践は、その後の植民地体制の崩壊につながる世界史的意義をもつものでした。

しかし、レーニン死後、スターリンのもとで、ロシア帝国以来の覇権主義がより野蛮な形で復活しました。第二次世界大戦のさいに、旧ソ連は、バルト三国を併合し、東欧を勢力圏に囲い込み、千島列島を占領しました。覇権主義は、スターリン死後も後継者たちに引き継がれました。１９９１年、ソ連は解体しましたが、覇権主義は残りました。それがプーチン大統領によって野蛮な形で引き継がれ、いま猛威をふるっているのであります。

この間のプーチン大統領の発言を見ますと、レーニンが行った「民族自決権」の宣言と実践を、彼は、繰り返し非難しています。それはプーチン大統領が、ロシア帝国の覇権主義、スターリンの覇権主義の信奉者であることを証明するものにほかなりません。プーチン大統領はロシア帝国の末裔《まつえい》なのです。共産主義とはいかなる意味でもまったく無関係だということを、はっきり述べておきたいと思います。

そして日本共産党の立場こそ、マルクス、エンゲルスの立場を、21世紀の現代に引き継ぐものだということを訴えたいと思います。

## 【20年の綱領一部改定の意義――四つの覇権主義とたたかった歴史を踏まえて】

私たちは、こうした歴史的な体験を踏まえ、一昨年（２０２０年）に行った綱領一部改定のさいに、こういう規定を綱領に書き込みました。

「どんな国であれ覇権主義的な干渉、戦争、抑圧、支配を許さず、平和の国際秩序を築く」

「どんな国であれ」と書いてあるところが大事なところです。それまでは「アメリカの覇権主義」という規定でした。しかしいま世界で覇権をふるっているのは、アメリカだけではありません。中国もふるっている。ロシアもふるっている。そこで、「どんな国であれ覇権主義を許さない」と綱領に書き込んだわけですが、これはいま起こっている危機のもとで、たいへん重要な意義をもつものではないかと思います。

日本共産党は、今年で党をつくって100年になりますが、100年の歴史において、四つの覇権主義とたたかってきたと言えると思います。

一つ目は、戦前の日本帝国主義・軍国主義です。

二つ目は、戦後のアメリカ帝国主義・覇権主義です。

三つ目は、旧ソ連・ロシアの覇権主義です。

四つ目は、今日の中国による覇権主義です。

私は、100年の歴史において、四つの覇権主義と正面からたたかい、平和を貫いてきたことに誇りをもって、参議院選挙で必ず躍進を果たしたいと強く決意しています。どうかよろしくお願いいたします。

## 二、危機に乗じた9条改憲を許さず、9条を生かした平和の外交戦略を

次に、危機に乗じた9条改憲を許さず、9条を生かした平和の外交戦略を、という問題に進みたいと思います。

### 日本における現実の危険は何か——安保法制のもとでの「敵基地攻撃」

いま、ロシアのウクライナ侵略に乗じて、「軍事力強化」「抑止力強化」「9条変えろ」の大合唱が起こっています。

私は、「軍事対軍事」——軍事に対して軍事で構えることこそ一番危険だと考えています。それは「軍事対軍事」＝軍拡競争の悪循環をもたらし、そのとめどもないエスカレーションをもたらし、戦争へとつながる危険をつくりだすものです。私たちはこれを断固拒否します。憲法9条を生かした外交の力で東アジアに平和を創出する——このことを正面から掲げて選挙を

たたかいぬきたいと決意しています。

## 【自民党の安全保障提言――三つの恐ろしい内容が】

まず私が訴えたいのは、日本における現実の危険は何かということです。それは端的に言えば、日本が攻撃されていないのに、米軍が軍事行動を始めたら、安保法制＝集団的自衛権を発動して、自衛隊が米軍と一体になって、相手国に「敵基地攻撃」で攻め込む。その結果、日本に戦火を呼び込む。これこそが、私は、日本が直面している最大の現実的な危険だ、ということをまず訴えたいのであります。

年内に政府がまとめるとされる「防衛三文書」の改定に向け、自民党が安全保障についての提言を出しました。読んでみて、ひどいものを出したものだと思いました。安全保障の提言と銘打っていますが、外交のことはまったく書いてありません。軍事一色に染め上げられており、三つの恐ろしい内容が入っています。

第一は、「敵基地攻撃能力」を「反撃能力」と言葉だけ変えて、その「保有」を政府に公然と求めたということです。

第二は、攻撃対象を「敵基地」だけに限定せず、「指揮統制機能等」まで広げた、ということです。こうなりますと、日本でいえば、首相官邸にあたるようなところも攻撃のターゲットにすることになります。全面戦争を行うということになります。

第三は、そのために5年以内に軍事費をＧＤＰ比２％以上、2倍にする大軍拡を打ち出していますす。ところがこの提言の中にその財源は書いていません。私たちが社会保障の充実を求めますと、「財源をどうするのか」とうるさく言ってくる自民党が、この大軍拡計画の財源については一言も語らない。結局、この道は、消費税の大増税、社会保障の大幅切り下げにつながっていくでしょう。

## 【攻撃型兵器の保有――憲法解釈を百八十度覆し、「専守防衛」を投げ捨てるもの】

そのなかで、とりわけ重大な問題を、二つ、指摘したいと思います。

一つは、「敵基地攻撃能力」を、「反撃能力」と言葉だけ変えて、その「保有」を政府に公然と求めたことは、初めての踏み込みだということです。

この問題についての、これまでの政府答弁は、〝「敵基地」を攻撃することは法理的には憲法が許さないわけではない、しかし、相手国に脅威を与えるような攻撃的兵器の保有は憲法上できない〟、これが一貫した答弁だったのです。(注)

攻撃的兵器の「保有」を求めたということは、従来の憲法解釈を百八十度覆《くつがえ》して、「専守防衛」を投げ捨てるものにほかなりません。そして、これは緊張を激化させ、軍拡競争を激化させる、きわめて危険な道です。

（注）「平生から他国を攻撃するような、攻撃的な脅威を与えるような兵器を持っているということは、憲法の趣旨とするところではない」（1959年3月19日、衆院内閣委員会、伊能繁次郎防衛庁長官）、「文民優位を徹底するということ、それから非攻撃性の装備でなければならないということ、徴兵を行なわないということ、海外派兵を行なわないということ、これらは日本国憲法の命ずるところであると解します」（1970年2月19日、参院本会議、中曽根康弘防衛庁長官）などの答弁があります。

## 【「アメリカを勝たせるため」に武力行使を歯止めなく拡大していくことに】

もう一つ、重大なことがあります。それは、安保法制のもとでの「敵基地攻撃」ということです。

これまでの「専守防衛」の原則では、日本が侵略された場合に、それを排除するための武力行使は「必要最小限」とされていました。侵略を、「日本の領土、領空、領海から排除する」ことが武力行使の目的とされ、相手国まで攻め込むことはしない、これがこれまでの原則とされていたのです。

ところが安保法制のもとで、集団的自衛権の行使として、自衛隊が武力を行使した場合にはどうなるでしょうか。武力行使の目的が、「アメリカを相手国との戦争で勝たせる」ことになってしまいます。この目的が達成されるまで自衛隊は武力を行使することになるのです。そうしますと「必要最小限」という歯止めはなくなってしまいます。アメリカの戦争にどこまでもつきしたがって、武力行使を歯止めなく拡大していくことになる。これが新たな深刻な危険であります。

**【９条改憲は、この危険な道を自由勝手に推進するためのもの】**

こうした道が、戦争を放棄した憲法９条といよいよ両立しないことは、あまりにも明瞭です。いまたくらまれている９条改憲は、この危険な道を自由勝手に推し進めるためのものだということを強く告発したいと思います。

ウクライナ危機に乗じて、憲法９条を改定して、日本を「軍事対軍事」の危険な道に引き込む動きに、参議院選挙で日本共産党を躍進させていただいて、断固とした「ノー」の審判を下そうではありませんか。

**東アジアに平和をつくる日本共産党の「外交ビジョン」について**

自民党などは「９条で平和は守れるか」と言いつのっています。私は、戦争を起こさないための９条を生かした外交に、知恵と力をつくすのが政治の役割ではないか、と強く言いたいと思います。

## 【ＡＳＥＡＮ（東南アジア諸国連合）諸国との交流の体験を踏まえた提案】

日本共産党は、憲法９条を生かして東アジアに平和をつくる「外交ビジョン」を提案しています。

これは、日本共産党とＡＳＥＡＮ諸国との交流の体験を踏まえた提案です。

私は、この間、インドネシア、マレーシア、ベトナム、カンボジアなど、ＡＳＥＡＮの国ぐにを訪問し、この地域でつくられている平和の共同体の姿にじかにふれ、目が開かされる思いでした。

ＡＳＥＡＮは、１９７６年に締結された東南アジア友好協力条約（ＴＡＣ）――武力行使を禁止し、紛争の平和解決を義務づけた条約――を土台にして、徹底した対話によって信頼醸成をはかり、紛争を解決していく半世紀の歴史の積み重ねによって、ベトナム戦争のときには「分断と敵対」が支配していたこの地域を、「平和と協力」の地域に生まれ変わらせました。

私が、たいへんに印象深く記憶している出来事をご紹介します。２０１３年に、インドネシアのジャカルタにあるＡＳＥＡＮの事務局を訪問した時のことです。私が、「ＡＳＥＡＮの成功の秘訣は何ですか」と尋ねたところ、「話し合いを続けることです」という答えが返ってきました。聞きますと、「ＡＳＥＡＮは域内で、さまざまなレベルで年間１０００回の会合をやっている」とのことでした。年間１０００回といえば、毎日平均で3～4回という計算になります。年がら年中会合をもっているわけです。「ＡＳＥＡＮは会議ばかりやっている」と揶《や》揄《ゆ》する声もあったそうですが、徹底した対話を続けてきた。そうしますと信頼醸成がはかられ、紛争が起こっても戦争になりません。ＡＳＥＡＮでは、半世紀かけてそういう状況をつくってきたのです。

**【「ＡＳＥＡＮインド太平洋構想」（ＡＯＩＰ）と、日本共産党の提案】**

北東アジアにすむ私たちにとって重要なことは、ＡＳＥＡＮが、平和の流れを域外にも広げる努力を続けてきたということです。

とくにいまＡＳＥＡＮが重視しているのは、東アジアサミット（ＥＡＳ）です。東アジアサミットは、ＡＳＥＡＮ10カ国と日本、米国、中国、ロシアなど8カ国で構成し、毎年首脳会談をやっています。ＡＳＥＡＮは、この東アジアサミットを、平和の枠組みとして強化して、ゆくゆくは東アジア規模の友好協力条約を展望しようという提唱をしています。２０１９年のＡＳＥＡＮ首脳会議で採択された「ＡＳＥＡＮインド太平洋構想」（ＡＯＩＰ）という構想です。

この構想は、私たちのめざす方向とも合致するものであり、大歓迎であります。日本共産党の提案（「外交ビジョン」）は、いま日本政府がやるべきは、「敵基地攻撃」などという物騒な話ではなく、ＡＳＥＡＮ諸国と協力して、東アジアサミットという現にある平和の枠組みを活用・強化して、東アジア規模での友好協力条約（ＴＡＣ）を締結する、そして東アジアの全体をＡＳＥＡＮのような戦争の心配のない平和と協力の地域にしていこう、というものであります。

**【この提案の現実性と合理性について】**

この提案に現実性・合理性はあるのか。私は、大いにあると考えています。４点ほど強調したいと思います。

**――現にある枠組みを生かす**……第一は、この提案は、現にある東アジアサミット（ＥＡＳ）という枠組みを生かして、それを強化し、平和を創出するものだということです。ですからどの国も賛成しうる提案なのです。現に、先ほど述べた「ＡＳＥＡＮインド太平洋構想」（ＡＯＩＰ）に対しては、米国も、中国も、日本も支持しています。

５月１日に放映されるＮＨＫの党首討論でも、私がこの提案をしたところ、司会者が、「アジアの地域のなかでの安全保障の構想、提言もありましたが、この点はどうですか」と岸田首相に問いかけ、首相は、「国際秩序の根幹が揺るがされる事態を前にして、あらためてアジアにおける安全保障や平和の枠組みを考えていくという考え方は重要だと思います」とのべました。その重要性は認めざるを得ないのです。要は、本気でやるか、やらないかにある。しかし、ともかくも、東アジアサミットという、現にある枠組みを発展させていこうという提案ですから、どの国も賛成しうる現実的で合理的な提案であるということは、間違いなく言えるのではないでしょうか。

**——包括的なアプローチ……**第二は、この提案は、軍事ブロックのように、特定の国を仮想敵に見立てて排除する、排他的なアプローチではありません。地域のすべての国を包み込む包括的なアプローチです。現に、日本も、アメリカも、中国も、ロシアも、韓国も、東アジアサミットに参加しています。包括的なアプローチということが、大事なところだと強調したいのです。

たとえば、「日米豪印戦略対話」（クアッド）と呼ばれる枠組みがあります。アメリカ、日本、オーストラリア、インドで構成していますが、対中包囲網という色彩が色濃くにじむ枠組みとなっています。私は、こういう排他的なアプローチをしていきますと、結局、「軍事対軍事」の対立を拡大していく危険をはらんでいると思います。そうではなく、全体を包み込むような包括的なアプローチが大切ではないでしょうか。これがＡＳＥＡＮの考え方であり、私たちの考え方であります。

**――国連憲章、９条の精神……**第三は、この提案は、国連憲章の精神、日本国憲法第９条の精神にかなったものだということです。国連憲章の本来の精神は、集団安全保障にあります。そして国連憲章では、地域的な集団安全保障も重視されて明記されています。この精神にのっとったものと言えると思います。

そして日本国憲法の精神は、紛争の平和解決――「紛争を戦争にしない」ということです。人類の社会からは紛争はなくならないかもしれない。しかし人類の英知で紛争を戦争にしないことはできる。これが日本国憲法第９条の精神だと思います。この精神を実践しているのが今のＡＳＥＡＮのとりくみと言えるのではないでしょうか。

**――東アジア規模の友好協力条約……**第四に、日本共産党の提案は、東アジア規模の友好協力条約（ＴＡＣ）を締結することを目標においていますが、その可能性はあるでしょうか。私は、大いにあると考えます。二つの点を強調したいと思います。

一つは、東アジアサミット（ＥＡＳ）に参加する日米中ロなど「プラス８カ国」は、すべてＡＳＥＡＮと「バイ（二者間）の形」では、すでに友好協力条約（ＴＡＣ）を締結しています。というよりも、ＡＳＥＡＮと友好協力条約（ＴＡＣ）を締結することが、東アジアサミットの加入条件になっています。すでに「バイ（二者間）の形」では友好協力条約が締結されているわけですから、それを東アジア規模での「マルチ（他者間）の形」にすることは、意思があればできるのではないでしょうか。

いま一つ、２０１１年11月にインドネシアのバリで開催された東アジアサミットの首脳会議で採択された「バリ宣言」という政治宣言があります。この宣言の中には、友好協力条約（ＴＡＣ）の内容がそっくり入っています。つまり、政治宣言の形ではすでに合意があるのです。ならばそれを条約にすることは、これも意思さえあればできることではないでしょうか。

もちろん、東アジアを平和と協力の地域にする事業は、ＡＳＥＡＮが半世紀かけて実践したように、時間を要する粘り強い努力が必要となることは言うまでもありません。しかし、ここにこそ、東アジアに平和をつくる現実的で合理的な道があるということを、私たちは確信しています。

**【憲法９条がつくりだした「信頼力」を生かした外交で、東アジアに平和を】**

この間、私たちは、この「外交ビジョン」を関係各国にお伝えし、話し合ってきました。インドネシア、ベトナム、韓国などの国ぐにと意見交換してきました。先ほどＮＨＫの党首討論のやり取りを報告しましたが、衆院本会議での代表質問でも日本政府に提起してきました。どこでも方向性は共有できます。

最近、私が読んで意を強くしたのは、外務事務次官をつとめた藪中三十二《やぶなかみそじ》さんが、『外交交渉四〇年　藪中三十二回顧録』（2021年7月、ミネルヴァ書房）のなかでのべている一節です。日米同盟基軸という立場は、わが党とは立場を異にしていますが、わが党の提案と重なりあうところがあるのです。藪中さんは、日本の強みは「信頼力」にあるとしてこう述べています。

〝ASEAN諸国は、日本、中国、アメリカ、どの国を一番信頼するかという問いかけに対して、日本を一番信頼してくれている。ならば日本は、ASEAN諸国と協力して、これまで築き上げてきた信頼力の上に立って、世界の平和に貢献するという強いメッセージを打ち出すべきだ〟

シンガポールのシンクタンク（ISEASユソフ・イシャク研究所）が、ASEAN10カ国の有識者を中心に毎年実施している意識調査では、最も信頼する主要国（日本、米国、EU、中国、インド）はどこかという設問に、日本は連続的にトップとなっています。

私は、これは憲法9条のおかげだと思います。憲法9条のおかげで、自衛隊は、戦後一人の外国人も殺しておらず、一人の戦死者も出していません。「非核三原則」を「国是」とし、核兵器を持っていません。

憲法９条がつくりだした「信頼力」を生かした外交で、アジアと世界に平和をつくることこそ、日本の進むべき道ではないでしょうか。このことを強く訴えていきたいと思いますが、いかがでしょうか。

# 三、安保条約と自衛隊に対する日本共産党の立場について

次に、日米安保条約と自衛隊に対する日本共産党の立場について、今日は、その基本点についてお話をさせていただきます。

## 異常な対米従属をどうやって打破していくか

### 【日米軍事同盟――他の軍事同盟には見られない特別の危険】

まず、異常な対米従属をどうやって打ち破っていくかという問題です。

この点で、私が、まず強調したいのは、日米軍事同盟は、世界の他の軍事同盟には見られない特別の危険をもっているということを、訴えていくことの重要性であります。もちろん軍事同盟としての共通の危険性があります。同時に、NATOなどにも見られない特別の危険性を日米軍事同盟はもっていることを、伝えていくことが大切だと考えています。ここでは3点ほどあげたいと思います。

**――「殴り込み」部隊……**一つは、在日米軍の構成です。在日米軍を構成しているのは、海兵遠征軍、空母打撃群、遠征打撃群、航空宇宙遠征軍――主にこの四つの軍隊です。どれも「遠征」とか「打撃」など物騒な名前がついています。つまり日本を守るための軍隊ではありません。海外への「殴り込み」を専門にする軍隊なのです。そのことは、「沖縄に駐留する米海兵隊は、日本防衛（の任務）を割り当てられていない」（ワインバーガー米元国防長官、1982年）と、アメリカの当局者も認めていることです。実際、ベトナム侵略戦争やイラク侵略戦争などのさいに、日本を根城にして出撃してきた歴史があります。そして私が強調したいのは、このような物騒な軍隊に基地を貸している国は、世界でも日本しかないということです。

**――治外法権的特権……**二つ目は、日米地位協定に見られる異常な治外法権的特権を、在日米軍は享有しているということです。米軍機の超低空飛行訓練が全国で問題になっています。航空法などの国内法が適用されないという、日米地位協定の不平等が根源にあります。訓練や演習の規制ができません。事故が起こっても捜索ができません。新型コロナで大問題になったように検疫の権利もありません。

ＮＡＴＯ諸国と比べると、その従属性はきわだっています。ＮＡＴＯは、米国主導のもとではあっても、第二次世界大戦の戦勝国同士の軍事同盟としてスタートしました。それにドイツ、イタリアが加わり、当初は、この二つの国は不平等な状況におかれていましたが、その後、地位協定の大幅な改定を行って、いまでは基本的に日本のような異常な不平等はなくなっています。ところが日本は、米軍による占領体制の事実上の継続として、占領時と変わらない治外法権的な特権を享受しているのが在日米軍なのです。

**――米国の戦争に「ノー」と言えない国……**三つ目は、外交的従属の深刻さです。とりわけ私が強調したいのは、日本が、米国の戦争に一度も「ノー」と言ったことがない国だということです。G7の国のなかでも日本だけの異常なことです。

2015年、安保法制が大問題になった国会で、私は、この問題を追及したことがあります。当時の安倍首相に、日本政府は、戦後一回でも米国の戦争に「ノー」と言ったことがありますかと聞きました。安倍氏は、しぶしぶ「ありません」と答えました。私は、さらに岸田外相（当時）との論戦で、ベトナム戦争の時に、日本政府は、「トンキン湾事件」というアメリカのでっちあげをうのみにしてこれを支持した。イラク戦争の時に、日本政府は、「大量破壊兵器」という、これもアメリカのでっちあげをうのみにしてこれを支持した。そのことへの反省はあるのかとただしましたが、いまにいたるも、まったく反省を語りませんでした。米国の戦争を無条件かつ絶対に支持する。これが日本です。こうした国が、安保法制を発動して、海外での戦争に乗り出す危険ははかりしれないと言いたいと思います。

## 【「二重の取り組み」①――安保条約の是非を超え、緊急の課題で共同する】

それでは、どうやってこの異常な対米従属を打破していくか。私たちは、「二重の取り組み」が大切だと考えています。

第一は、日米安保条約に対する賛成・反対の違いを超えて、緊急の課題の実現のために広く協力していくということです。今日の画期的特徴は、こうした取り組みが、現実にさまざまな分野で広がっていることにあります。

たとえば安保法制廃止は、この間、野党間で共有してきた、市民と野党の共闘の「一丁目一番地」です。辺野古《へのこ》新基地建設反対は、保守・革新の垣根をこえて「オール沖縄」の一致点となっています。日米地位協定の抜本改定は、全国知事会の要求になっています。こうした緊急の課題では、安保条約への是非の違いを超えて、共同を大いに進めていきたいと考えています。

私たちは、緊急の課題での共同を、国際問題でも追求します。先ほど東アジアに平和をつくる「外交ビジョン」について話しました。この「外交ビジョン」は、東アジアに、日米軍事同盟と米韓軍事同盟という二つの軍事同盟があるもとでも、その実現のために力をつくすべき課題です。その実現のために、軍事同盟に対する態度の違いを超えて協力していきたいと考えています。私たちは、韓国政府とも、こうした方向での意見交換をしてきましたが、軍事同盟のもとでも方向性が共有できます。

それから核兵器禁止条約も、軍事同盟のもとでも、「核抑止」から抜け出せば、条約への参加は可能です。核兵器禁止条約には「軍事同盟」という言葉はありません。日米安保条約にも「核兵器」という言葉はないではないですか。軍事同盟のもとでも、「核抑止」から抜け出せば参加することはできます。このように国際問題でも、緊急の課題での一致点にもとづく共同を、私たちは追求していきたいと思います。

**【「二重の取り組み」②――安保条約廃棄の国民的多数派をつくる独自の努力】**

第二に、同時に、強調したいことは、日米安保条約廃棄の国民的多数派をつくるための独自の努力を、日本共産党は一貫して行っていきたいということです。そのさい、「安保をなくしたら不安だ」という疑問に対しても、「そもそも論」にたちかえって丁寧に答えていきたいと思います。

先にお話しした、在日米軍基地の世界で他に見られない異常で危険な実態を伝え、在日米軍は日本を守るための軍隊ではないという事実を伝えることは、たいへんに重要なことだと思います。

いま一つ、強調したいのは、日米安保条約という軍事同盟のもとでは、アメリカが敵視する国とは、日本も敵対する関係になってしまうということです。これは軍事同盟の宿命的な問題点です。たとえば、この間の米国の歴代政権に共通しているのは、まずは米国の対中国戦略を、軍事・外交・経済で一体につくる、その戦略に日本を、軍事・外交・経済で一体に組み入れるというものです。そういう状況のもとで、アメリカが中国と軍事力の覇権争いを行えば、日本もその覇権争いに自動的に組み込まれることになります。

こうして軍事同盟というのは、逆に日本を危険にさらすという事実を訴えることも大切だと思います。国民多数の合意で、日米軍事同盟を解消することは、日本とアジアの平和にとっての巨大な前進の一歩になるということを、堂々と訴えていきたいと思います。

## 【それぞれを真剣に取り組んでこそ、相乗的に進む】

そのうえで、私が強調したいのは、「二重の取り組み」は、それぞれを真剣に取り組むことによって、相乗的に進むという関係にあるということです。

日米安保条約廃棄の流れを強めることは、緊急の課題を実現するうえでの最大の推進力になります。緊急の課題――安保法制廃止、辺野古新基地建設中止、日米地位協定改定などの課題は、どれもが実は、日米安保体制の根幹にかかわる課題です。ですから、それを本気で実行しようとすれば、「日米同盟絶対派」――いまの日米同盟の現状には指一本ふれさせないという勢力からの激しい抵抗や妨害に出会うことは避けられません。現に、民主党政権のさい、辺野古新基地建設問題では、当初、民主党が掲げた「県外移設」という公約も、激しい妨害や抵抗で頓挫《とんざ》することになりました。どの緊急の課題も、本気で実行しようとすれば、そうした抵抗や妨害を打ち破らなければなりません。その時に、日米安保条約廃棄の流れを強めることは、緊急の課題の実現にとっても最大の推進力となることは間違いないのではないでしょうか。

他方、こういうことも言えます。緊急の課題を実現することは、客観的には、日米安保条約廃棄の国民的多数派をつくる条件をつくることにもなります。たとえば、わが党も参加する民主的政権ができたとします。そして、この民主的政権は、日米安保条約廃棄を課題にする政権ではない政権だとします。そうした民主的政権が、9条を生かして東アジアに平和をつくる「外交ビジョン」の実現に向けた外交に乗り出す。そしてこの地域に存在する紛争を話し合いで解決する努力を、9条を生かして積み重ねていく。このことは、客観的には、日米安保条約廃棄の国民的多数派をつくる条件を広げることになるでしょう。

両者は、そういう関係にあると思います。「二重の取り組み」のそれぞれに真剣に取り組みながら、相乗的に発展させることで、異常な対米従属を打ち破り、本当の独立国と言える日本をつくるため力をつくしたいと決意しているところです。

## 自衛隊の段階的解消の方針について

最後に、自衛隊の段階的解消の方針について、お話しておきたいと思います。

自衛隊の段階的解消の方針は、2000年の第22回党大会で決定した方針です。この決定を踏まえて、2004年に改定した綱領に次のように明記されています。

「自衛隊については、海外派兵立法をやめ、軍縮の措置をとる。安保条約廃棄後のアジア情勢の新しい展開を踏まえつつ、国民の合意での憲法第9条の完全実施（自衛隊の解消）に向かっての前進をはかる」

綱領では、「段階的解消」という言葉は使われていませんが、「憲法第9条の完全実施（自衛隊の解消）に向かっての前進をはかる」という規定は、「段階的解消」を表現したものです。綱領のこの規定が、第22回党大会の決定を踏まえたものであることは、綱領改定案を提起した第22回党大会第7回中央委員会総会の「綱領改定案についての提案報告」で、第22回党大会の決定を「簡潔に要約したうえで、綱領の上で明記したもの」と明確に表明している通りです。

この方針にいたる経過、この方針の意義について、私自身の体験も踏まえてお話ししたいと思います。

## 【1994年の第20回党大会決定の意義と限界】

実は、この方針の前に、わが党は、一つの重要な決定をしました。1994年の第20回党大会で、わが党は、「憲法問題と日本共産党の立場」をまとまって明らかにしました。そこでは、日本国憲法第9条の意義について、次のように最も高い評価を明らかにし、将来にわたってこの条項を守り、生かすことを明瞭にしました。

「憲法9条は、みずからのいっさいの軍備を禁止することで、戦争の放棄という理想を、極限にまでおしすすめたという点で、平和理念の具体化として、国際的にも先駆的な意義をもっている」

1945年6月に調印された国連憲章と、1946年11月に公布された日本国憲法は、「戦争のない世界」をめざすという点では、同じ方向を向いていますが、決定的な違いがあります。それは、日本国憲法が、「武力による威嚇又は武力の行使」を禁止しただけでなく、いっさいの戦力保持と国の交戦権を禁止したということです。

なぜそういう飛躍が起こったのか。それは、国連憲章がつくられてから、日本国憲法がつくられる間の時期に、人類はきわめて深刻な体験をしたからです。広島、長崎への原爆投下です。原爆の出現によって、当時の政府の文書に書かれていることですが、もはや文明と戦争は両立できなくなった。文明が戦争を抹殺《まっさつ》しなければ、やがては戦争が文明を抹殺してしまう。それならば文明の力で戦争を抹殺しよう。戦争を放棄し、陸海空軍いっさいの戦力を放棄しよう。それを世界に先駆けて実行しよう。ここから、私たちが世界に誇る日本国憲法第9条が生まれたのです。

ここに日本国憲法第9条のもつ世界史的意義があると私たちは考えています。

私たちは、憲法9条を、国際的にも先駆的な意義をもつ条項として、将来にわたって守り生かしていく。その強い決意をこの大会で確認しました。このことを確認したことの意義は、たいへんに大きなものがあったと考えます。

同時に、1994年の大会決定には限界がありました。それは、憲法9条と自衛隊の矛盾をどのようにして解決していくか――その道筋が、まだ明らかにはされていなかったということです。そうなると、「自衛隊は9条と矛盾するからただちに解消する」という結論になります。ですから、この大会決定では、万が一、急迫不正の主権侵害が起こったさいには、「警察力や自主的自警組織など憲法9条と矛盾しない自衛措置をとる」という方針を書きました。そうなると、テレビの討論会などに出ましても、「竹槍で日本を守るのか」というような質問も出されて、難しい議論に遭遇しました。

私たちは、より合理的な方針をつくらなければならないという必要性を強く感じました。そして検討に検討を重ねてつくったのが、第22回党大会の方針――自衛隊の段階的解消（自衛隊問題の段階的解決）という方針です。

私が、この方針にいたる経過を、お話しするのは、自衛隊の段階的解消という方針が、机上でつくられたものではなく、現実の政治論戦の切り結びのなかから生み出した方針であるということを、理解していただきたいからであります。

## 【自衛隊の段階的解消の方針について】

この方針は、およそ次のようなものです。5点ほどポイントを述べたいと思います。

**――9条に向けて自衛隊の現実を変える**……まず第一点です。憲法9条にてらすならば、自衛隊が憲法違反の存在であることは明らかです。そうであるならば、その矛盾を解決する道は、論理的に考えて二つしかありません。一つは、自衛隊の現実にあわせて憲法9条をとりはらうという道です。もう一つは、憲法9条という理想に向けて自衛隊の現実を変えるという道です。私たちは、後者を選びます。9条は世界に誇る日本の宝だと考えるからであります。

**――矛盾の解消は一足飛びにできない**……第二点は、それでは、この矛盾の解消は一足飛びにできるでしょうか。できません。それは、憲法9条の完全実施は、国民の圧倒的多数の合意なしにはできませんが、そうした合意をつくるには、二つの条件がどうしても必要になるからです。一つは、日本をとりまく安全保障環境の平和的成熟という客観的条件です。もう一つは、憲法9条を生かした平和外交に取り組む民主的政権のもとでの国民の政治的体験という主体的条件です。この両方の条件がどうしても必要であり、それをつくるためにはいくつかの段階が不可欠になります。

――**9条の完全実施に向けた三つの段階**……第三点は、それではその段階とは、具体的にはどうなるか。およそ三つの段階を考えています。

第一段階は、日米安保条約廃棄前の段階です。ここでは海外派兵の拡大など9条のこれ以上の蹂躙を許さないこと、軍拡に終止符を打って軍縮に転じることが重要になります。安保法制廃止、集団的自衛権行使容認の閣議決定の撤回は、この段階での非常に重要な課題です。そして、この段階から、私たちは、東アジアに平和をつくる「外交ビジョン」を大いに追求すべきだと考えています。

第二段階は、日米安保条約が国民多数の合意で廃棄され、日本が軍事同盟から抜け出した段階です。この段階では、自衛隊の民主的改革――米軍との従属的な関係の解消、公務員としての政治的中立性の徹底、大幅軍縮などが課題になります。同時に、この段階でも、自衛隊解消にすぐにとりくむわけにはいきません。なぜなら、安保条約廃棄についての国民多数の合意が実現することと、自衛隊解消のための国民的合意が実現することとは、別個の問題だからです。安保条約廃棄の段階では、まだ自衛隊解消の国民的合意はつくられていないだろうと、私たちは考えています。そうした国民的合意は、民主的政権のもとでの平和外交による日本をとりまく安全保障環境の変化と、国民の政治的体験を通じてつくられていくだろうというのが、私たちの展望です。

第三段階は、国民の合意で、憲法9条の完全実施――自衛隊解消に取り組む段階です。すなわち独立・中立の日本が、世界とアジアのあらゆる国ぐにと友好関係をつくり、道理ある平和外交によって世界とアジアに貢献する。そういう努力ともあいまって、日本をとりまく安全保障環境が平和的に成熟し、国民の圧倒的多数が「もう自衛隊なしでも安心だ」という合意が生まれ、熟したところで、憲法9条の完全実施に向かっての本格的な措置に取り組む。これが私たちのプログラムです。

**――憲法9条の完全実施は可能か……**第四点は、そんなことがいったい可能だろうかという問いへの答えであります。私たちは、「21世紀には可能になる」という確信をもっています。そのことを、第22回大会決定でも表明しました。今日お話しした通り、「戦争のない世界」への人類の歩みは、ジグザグはあっても、1世紀の単位では大きく前進しています、この半世紀の単位でも前進しています。ですから大きなスケールで展望すれば、そういう時期は必ずやって来る。常備軍なしでももう安心だと、国民の圧倒的多数の合意が成熟する時期が必ずやってくる、これが私たちの展望です。

**——民主的政権と自衛隊が共存する時期の対応**……いまお話しした方針では、民主的政権ができた場合、民主的政権と自衛隊が共存する期間が一定期間つづくことは避けられないということになります。理の必然としてそうなります。そういう期間にどういう対応をとるかという問題です。第22回党大会の決定では、このように明記しました。

「そうした過渡的な時期に、急迫不正の主権侵害、大規模災害など、必要にせまられた場合には、存在している自衛隊を国民の安全のために活用する。国民の生活と生存、基本的人権、国の主権と独立など、憲法が立脚している原理を守るために、可能なあらゆる手段を用いることは、政治の当然の責務である」

すなわち万が一の侵略によって、「憲法が立脚している原理」——憲法が存立する土台までが危うくなっている時に、そうした「原理」を守るために、自衛隊を含めてその時点で存在するあらゆる手段を行使することは、政治の責務として、あまりにも当然のことです。

以上が中心点ですが、私たちの方針は、総括的に言いますと、憲法9条を将来にわたって守り生かすことと、どんな場合でも国民の命を守り抜く政治の責任を果たす——この両者に統一的な答えを出した、という方針であります。この両者に対して責任を果たそうとすれば、これ以外に道はないと、私たちは確信しています。そして最も合理的な道がこの道だということも強調したいと思います(注)。

（注）第22回党大会の方針は、日本共産党としての立場を示したものですが、日本共産党が参加する民主的政権ができた場合に、その政権が自衛隊に対してどういう憲法判断を行うかということは、党としての憲法判断とは別個の問題となります。

日本共産党としては、一貫して「自衛隊＝違憲」論の立場を貫きますが、党が参加する民主的政権の対応としては、自衛隊と共存する時期は、理の必然として、「自衛隊＝合憲」の立場をとり、国民多数の合意なしに合憲から違憲への憲法解釈の変更は行わない——これが民主的政権に参加するにあたってのわが党の立場です。

「憲法違反の自衛隊を活用するというのは矛盾している」という議論がありますが、自衛隊を活用するのは、いうまでもなく民主的政権です。民主的政権としての憲法判断が「自衛隊＝合憲」である以上、その政権が自衛隊を活用することに、憲法上、何の矛盾もありません。

党としては「自衛隊＝違憲」の立場を貫き、憲法９条と自衛隊との矛盾を、憲法９条完全実施に向けて、国民合意で一歩一歩解消していくために力をつくします。こうした日本共産党の立場こそ、最も責任ある立場です。

この問題については、『新・綱領教室』下巻の68～75ページを参照していただければと思います。

## 【自衛隊の「活用」論について――いくつかの疑問に答える】

最後に、自衛隊の「活用」論にかかわるいくつかの疑問にお答えして、私の話を終わりにしたいと思います。先日、参議院選挙の候補者会議を行いまして、そこで出された疑問に対して、詳しい回答を行い、加筆・補正して「しんぶん赤旗」（4月24日付）にも載せましたので、ぜひお読みいただけたらと思います。3点ほど述べておきたいと思います。

――**この方針の位置づけ……**一つは、自衛隊の「活用」という方針の位置づけの問題です。「こういうことを言うと、軍拡競争にのってしまうことにならないか」という心配の声もあります。それは心配ありません。なぜなら、私たちは、すでに述べたように、「軍事対軍事」の対応、軍事的抑止力に頼った対応は厳しく退ける、そして9条を生かした外交で東アジアに平和を創出する――これが日本共産党の主張の中心点だからです。そのことが大前提になっていることを、強調したいと思います。そのうえで、東アジアに平和を創出するプロセスは一定の時間がかかります。その途上で「万が一」の事態が起きた場合にどうするか、その対応についてのべたものです。こうした全体の流れの中で、ぜひつかんでいただければと思います。

――**「活用」する主体は誰か……**二つ目は、自衛隊の「活用」と言うが、「活用」する主体は誰なのか。「こういうことを言うと、自公政権を助けることにならないか」という心配があるかもしれません。これは、わが党が参加する民主的政権ができた場合の対応をのべたものです。かりに自公政権が、安保法制を発動して、米国とともに、海外での戦争に乗り出した。その結果、その戦火が日本に及んできた。そういうケースは「急迫不正の主権侵害」とは言えません。そういう動きに対しては、わが党は、もともと断固反対です。そういうケースは、私たちが言っている自衛隊の「活用」とはまったく別個の話であります。

**――個別的自衛権をどう考えるか**……三つ目は、個別的自衛権をどう考えるかという問題です。日本共産党は、個別的自衛権は、国民の命と日本の主権を守るために必要だと一貫して主張してきました。そして、戦争を放棄し戦力の保持を禁止した9条のもとでも、個別的自衛権は、自然の権利として存在する、という立場に立っています。これは圧倒的多数の憲法学者の共通の見解でもあると思います。ですから、9条は無抵抗主義ではない、急迫不正の主権侵害が起こった場合には、この権利を行使して、それを排除するためにたたかう――これが日本共産党の立場です。

個別的自衛権は、国際的にも当然のものです。いまロシアが、国連憲章と国際法に違反する不法・不当な侵略戦争を行っているもとで、それに抵抗することは合法かつ正当です。わが党は、ウクライナの政権のこの間の対応をすべて支持しているわけではありませんが、ウクライナがいま行っている抵抗は合法かつ正当です。

かつてベトナム侵略戦争のさいには、ベトナム人民の勇敢なたたかいに日本共産党は連帯してたたかいました。これは大義ある連帯のたたかいだったと考えます。

## 【9条を守り生かすことと、命と主権を守る政治の責任を果たすことを、統一的に追求】

このように自衛隊の段階的解消という日本共産党の方針は、憲法9条を将来にわたって守り生かすことと、国民の命と日本の主権を守るという政治の責任を果たすことの両方を、統一的に実現しようというものであり、最も責任ある態度であることを、私は、強く確信しています。この道こそ、改憲勢力による激しい攻撃から、9条を守り抜く道でもあるということを、強く訴えたいと思います。

以上で私の話を終わりにいたしますが、もちろん今度の参議院選挙は、平和の問題だけではなく、暮らしの問題も、大きな争点になってきます。私たちは、弱肉強食の新自由主義を転換して、「やさしく強い経済」をつくろうという訴えをしております。あらゆる点で、攻勢的に政治論戦を発展させていきたいと決意しています。

党をつくって100年の年にたたかわれる政治戦で、必ず躍進を勝ち取るために、みなさんのお力添えを心から訴えまして、私の話とさせていただきます。あとはご質問にお答えします。ありがとうございました。

## 質疑応答

ご質問ありがとうございます。一つひとつお答えをしたいと思います。

### アメリカの対応の問題点をどう考えるか

まず、「ロシアが最終的に侵略したのは間違っていると思いますが、バイデン大統領がたきつけたのではないでしょうか」という質問です。

米側の対応にも問題があったのではないかということだと思います。私は、侵略の原因がどこにあったかについては、今後、国際的な検証が必要だと考えています。外交によって平和をつくることが失敗して戦争になったのは事実です。どこにどういう問題点があったのかは、今後、検証がなされるべきです。

軍事同盟については、先ほどもお話しした通り、日本共産党は、軍事同盟のない世界をめざしており、NATOについても東方拡大や域外派兵に反対してきました。同時に、4月7日の幹部会報告では、今回のウクライナ侵略の原因がそこにあったという論の立て方をしていません。そういう論を立てますと、プーチンの側にも「一分の理」があったとなります。侵略の原因論としてNATOの問題を論じるのは、現状ではやるべきではないと判断しました。いま大切なことは、どんな理由があっても、「国連憲章に違反する侵略は許されない」、「国連憲章を守れ」という一点で、世界が大同団結することです。

侵略の原因として、現時点で間違いなく言えることは、今度の侵略の最大の要因が、ロシアに歴史的に流れている覇権主義にあるということです。プーチン大統領は、「ロシアとベラルーシとウクライナは一つだ」と繰り返しています。つまり最初から、ウクライナの主権を認めない立場なのです。歴史的に根深く流れている、そして抑えがたい覇権主義の衝動、これが彼をかりたてて侵略に向かわせた。そこに一番の原因があることは、間違いなく言えると考えています。

もう一点、ここで強調しておきたいのは、軍事同盟の問題を、侵略の原因論と結びつけて、論じるという論の立て方をしておりませんけれども、この侵略が起こった後に、軍事ブロック的対応をすることには問題があるということを、今日、私は、表明しました。バイデン米大統領が唱えている「民主主義対専制主義の闘い」――これは軍事ブロック的対応を持ち込むものなのです。彼は「民主主義」という言葉を使いますが、これはアメリカ流の「民主主義」――

特定の「価値観」を押し付けるものです。岸田首相の言葉で言えば、「価値観を共有するG7主導の秩序」を押し付けるものです。あれこれの「価値観」で世界を二分するという姿勢では、国際社会は団結できなくなってしまいます。あれこれの「価値観」で世界を二分するのではなく、「国連憲章を守れ」という一点で団結することが、いま非常に大事になっています。こういう点で、バイデン米大統領の姿勢、それに従っている岸田首相の姿勢には問題点があらわれてきたと考えています。

5月1日に放映されるNHKの党首討論で、先ほど私は、東アジアに平和をつくる「外交ビジョン」について討論会で提起して、それに対して岸田首相が「重要な考え方」と述べたところまで紹介したのですが、それに続けて岸田氏は、こう言いました。「そのさいに、基本になるのは普遍的な価値観だ」と。そうではないのです。「国連憲章にもとづく平和秩序」が大事なのです。「普遍的な価値観」を持ってきたら、世界が団結できる平和秩序をつくることはできません。ここが非常に大事な点だと思います。

アメリカが、「民主主義という価値観」が大事だと言いますと、ロシアは、「ロシアにはロシアの民主主義がある」と言うでしょう。先日、米国のブリンケン国務長官と中国の楊潔篪《ようけつち》政治局委員が、アラスカで会談しました。ウイグルの人権問題が議論になりました。ブリンケン氏が中国側に、「民主主義の価値観が大事だ」と説いた。そうしましたら楊潔篪氏は、「中国には中国の民主主義がある」とのべ、「内政干渉は許さない」と反論した。「民主主義という価値観」で議論すればこうなります。

しかし、国連憲章は一つしかないんです。「中国には中国の国連憲章がある」、「ロシアにはロシアの国連憲章がある」。こうは言えないのです。アメリカだってそうです。「アメリカにはアメリカの国連憲章がある」とは言えない。だからバイデン大統領は、一般教書演説で「国連憲章」ということは言わないのです。「国連」ということも言わないのです。アメリカは、国連憲章にも国連にも縛られたくないからです。ですから言わない。私は、ここに問題があると言っています。

侵略が起こった後の対応としては、そういう軍事ブロック的な対応については、冷静な批判を、前向きにやっていく必要があるだろうと考えて、今日はそういう発言をいたしました。

## どうやって戦争を終わらせるか

次に、「法律遵守は国内だけなら刑罰を与えればいいですが、国と国だと本当に難しいと思います。法律をつくったのだから守ろうと、圧力をかけていくしかないと、つくづく思います。数の専制にすがるしかないのでしょうか」というご質問です。

なかなか国際社会が侵略を止められないといういらだち、あるいは、やりきれない思いで、こういう質問をされたのだと思います。

その思いは、私たちも共有しておりますが、しかし、ここは先ほどお話ししたように、国際世論で包囲をしていく。ここに徹することです。そのさいに、包囲の旗印が大事なわけです。「国連憲章を守れ」、「国連憲章にもとづく平和秩序を回復する」。この旗印のもとに結束して、そういう方向で戦争を終わらせる。これが大事な点だと思うのです。

その点で、先ほど言ったようにアメリカの側にも弱点がある、日本政府にも弱点がある、そう指摘しました。そういう弱点を克服しながら、筋の通った旗印のもとに全世界が結束して、ロシアの暴挙を止めていく。これが大事だと思うのです。

私は、この戦争は、どういう形で終わらせるかが、とても大事だと重ねて強調したいと思います。「力の論理」が通ったということではなく、また、「力の論理」に対抗して別の「力の論理」が通ったということでもなく、「国連憲章にもとづく平和秩序を回復する」という明確な目標を全世界が共有して、この戦争をそういう方向で終わらせることが重要だと思います。

## 安倍元首相は、なぜ核武装論を先導しているのか

次に、「安倍晋三元首相は、なぜいまだに核武装論を先導しているのでしょうか」という質問です。

これは、難しい質問です。安倍氏の〝心理〟ははかりがたいところでありまして、なぜかと言われても、私が答えるのは難しい。

ただ、一つ言えることは、これが自衛隊制服組の元中枢幹部の主張だということです。そういう人たちが論文を書いています。そのなかに「核兵器を持ちたい」ということが書いてある。「アメリカの核だけでは不安だ」、「日本が持つのが一番安心だ」、結局は、単純なこれだけの議論です。しかし、この議論がどんなに恐ろしいかは、先ほど述べた通りであります。「核抑止」というまさに非人道的主張を、被爆国日本の政治家が行うことは、恥ずかしいことです。ましてや、「核共有」などという、非核三原則を投げ捨てる主張は、絶対に許されないと思います。

安倍氏の頭の中を見るわけにはいかないので、これ以上のお答えはできませんが、彼が言っているのは「核共有」だけではありません。軍事費をＧＤＰ比２％にする、「敵基地攻撃」に

とどまらず「打撃力」も持つ必要がある、これらを言い出したのも安倍氏です。安倍氏が言ったことに自民党が後ろからくっついていくという状況になっているわけです。そして安倍氏にぴったりとくっついているのが維新の会です。この危険な構図を打ち破っていく必要があります。

いまの日本の政治は、自民党、公明党、維新の会、国民民主党――この四つの党による改憲翼賛体制が形成されていると思います。どうしてもこの逆流に、今度の参議院選挙で審判を下さなくてはいけない。この審判の最大の力は、日本共産党を伸ばすことです。どうかお力添えをよろしくお願いします。

## 共産主義者を消し始めたら、ファシズムの始まりでは

次に、「共産主義者を国が消し始めたら、ファシズムの始まりと言えるのではないでしょうか」という質問です。

たしかにその通りでありまして、戦前、日本共産党に対する苛烈な弾圧が、ファシズムと軍国主義、そして侵略戦争に道を開いたというのは、歴史の大きな教訓だと思います。

しかし、現在はどうか。わが党に対する危機に乗じた攻撃は、強いものを感じますが、私た

ちは決して「消される」ということはありません。この攻撃に負けないだけの歴史的経験を日本国民は積んでおりますし、わが党も積んでいる。攻撃に決して負けないで、打ち破って、躍進をかちとりたいと決意しています。

日本共産党が、抑圧され、弾圧され、「消される」ような時代になりましたら、本当に日本は暗い時代に戻ってしまいますから、絶対にそれは許さないという立場で頑張ります。また日本国民は決してそれを許さないだろうという確信をもっております。

## 本物の共産主義というのは、そもそも難しいか

最後に、「志位さんは、〝ロシア覇権主義は、スターリンに引き継がれ、プーチンに引き継がれた。19世紀、マルクスは帝政ロシアの覇権主義とのたたかいの重要性を訴え続けた。日本共産党の旧ソ連、ロシア覇権主義とのたたかいは、マルクスのたたかいを引き継ぐものだ〟とおっしゃいました。〝レーニン後のスターリンのソ連も、毛沢東の中国も、本当の共産主義ではなかった〟ともおっしゃいました。それでは、本物の共産主義というのは、そもそも難しいということでしょうか」というご質問です。

これは、なぜ旧ソ連や中国で覇権主義の誤りが生まれたか。あるいは、人民を抑圧するよう

な専制的な体制がつくられたか、という問いにも重なってくる問題だと思います。

それには、指導者の誤りがあります。スターリン、あるいは毛沢東など、指導者の誤りがあります。ただ、その背景を考えますと、革命が、資本主義の発達の遅れた国から出発したという条件があるわけです。

たとえば、議会ということを考えてみても、ロシア革命前の帝政ロシアには、ドゥーマと言われた国会が形式上はありました。しかし、選挙制度が非常に不平等だったうえに、国会にはそもそも権限がありませんでした。ツァーリ——皇帝の絶対的な支配が優越したわけです。議会制民主主義の経験がないもとで、ロシア革命が始まったわけです。

中国はどうでしょうか。中国では、辛亥《しんがい》革命の後、中華民国という民主共和制の国が生まれます。しかし、そのもとで選挙をやって、議会をつくって、議会制民主主義ができたでしょうか。事実上できなかった。そこにはいろいろな条件がありました。軍閥が割拠していた。政治の不安定がありました。日本による侵略が行われたことは、深刻な障害をもたらしました。そういうもとで首都も転々とした。ですから、中華民国ができましたけれど、議会制民主主義の経験は事実上ないのです。

こうして議会の問題一つをとっても、ロシアも、中国も、そういう体験のないまま革命が行われたわけです。ですから本当ならば、革命の後に、自由の制度、民主主義の制度をつくる努力が必要でした。しかしその努力は行われませんでした。

マルクス、エンゲルスは、自由と民主主義の制度、とりわけ普通選挙権にもとづく民主共和制をつくっていくことを、生涯にわたって重要視してたたかいましたけれども、民主共和制の考え方は、ロシアでも、中国でも忘れられました。そして、やがて専制主義に覆われていきます。覇権主義も起こってきます。そういう歴史的に遅れたところからの出発という条件があったわけです。

それでは日本はどうでしょうか。日本は、高度に発達した資本主義国です。それだけではありません。戦後、日本国憲法のもとで、自由と民主主義の制度、議会制民主主義の制度などが、まがりなりにも存在します。そして、それらを逆流から守って、前進させてきた国民のたたかいの歴史もあります。その歴史を土台にして先に進むわけですから、私は、中国やロシアが陥ったような誤りに、日本が陥ることは決してないと考えます。

日本共産党は、党綱領で、民主主義革命を実現した後の民主主義日本はもとより、その先の社会主義・共産主義の日本にいたるまで、資本主義のもとで達成した自由と民主主義、人権の諸制度を豊かに守り、発展させ、花開かせることを約束していますけれども、これは綱領での約束にとどまらず、高度に発達した資本主義を土台にして先に進むという条件を考慮するならば、歴史の必然でもあるということを訴えたいと思います。

そういうことも含めまして、2年前の綱領改定のさいに私たちは、「発達した資本主義国での社会変革は、社会主義・共産主義への大道である」という命題を書き込んだのです。社会主義・共産主義にいたる大道は、ここにこそあるということを、ロシア革命以来の1世紀の経験を踏まえて、一つの歴史的な割り切りをやって、綱領に書き込みました。

ですから本物の共産主義、本物の社会主義をめざす運動というのは、人類史的にはこれからが大事になってきます。こうした誰もやったことのない未到の道を進もうというのが、日本共産党の立場なのだということをお伝えしたいと思います。

まずは、国民多数の合意で、アメリカいいなりと財界中心という、二つの異常なゆがみを正す民主主義革命をやり遂げて、その先には、国民多数の合意で、「人間の自由」、「人間の解放」を実現する社会主義・共産主義をめざしたい。日本共産党という党名には、その理想がこめられています。どうか日本共産党を躍進させていただきますことを、心からお願いして、私の話を終わりたいと思います。

志位和夫（しい　かずお）
1954年　千葉県生まれ
1979年　東京大学工学部物理工学科卒業
現　在　日本共産党幹部会委員長、衆議院議員
著　書　『激動する世界と科学的社会主義』（1991年）『科学的社会主義とは何か』（1992年）『歴史の促進者として』（1992年）『21世紀をめざして』（1995年）『科学・人生・生きがい』（1997年）『“自共対決”』（1998年）『民主日本への提案』（2000年）『歴史の激動ときりむすんで』（2002年）『希望ある流れと日本共産党』（2003年）『教育基本法改定のどこが問題か』（2006年）『韓国・パキスタンを訪問して』（2006年）『日本共産党とはどんな党か』（2007年）『ベトナム友好と連帯の旅』（2007年）『決定的場面と日本共産党』（2008年）『人間らしい労働を』（2009年）『アメリカを訪問して』（2010年）『新たな躍進の時代をめざして』（2012年）『領土問題をどう解決するか』（2012年）『綱領教室』〔全3巻〕（2013年）『戦争か平和か――歴史の岐路と日本共産党』（2014年）『改定綱領が開いた「新たな視野」』（2020年）『新版「資本論」のすすめ』（共著、2021年）『新・綱領教室』〔全2巻〕（2022年）

**ウクライナ侵略と日本共産党の安全保障論**
**「大学人と日本共産党のつどい」での講演**

2022年5月27日　初　版

著　者　志　位　和　夫
発　行　日本共産党中央委員会出版局
〒151-8586　東京都渋谷区千駄ヶ谷4-26-7
TEL 03-3470-9636 / mail : book@jcp.or.jp
http://www.jcp.or.jp
振替口座番号　00120-3-21096
印刷・製本　株式会社 光陽メディア


ISBN978-4-530-01707-3 C0031　Printed in Japan